Classroom Fun

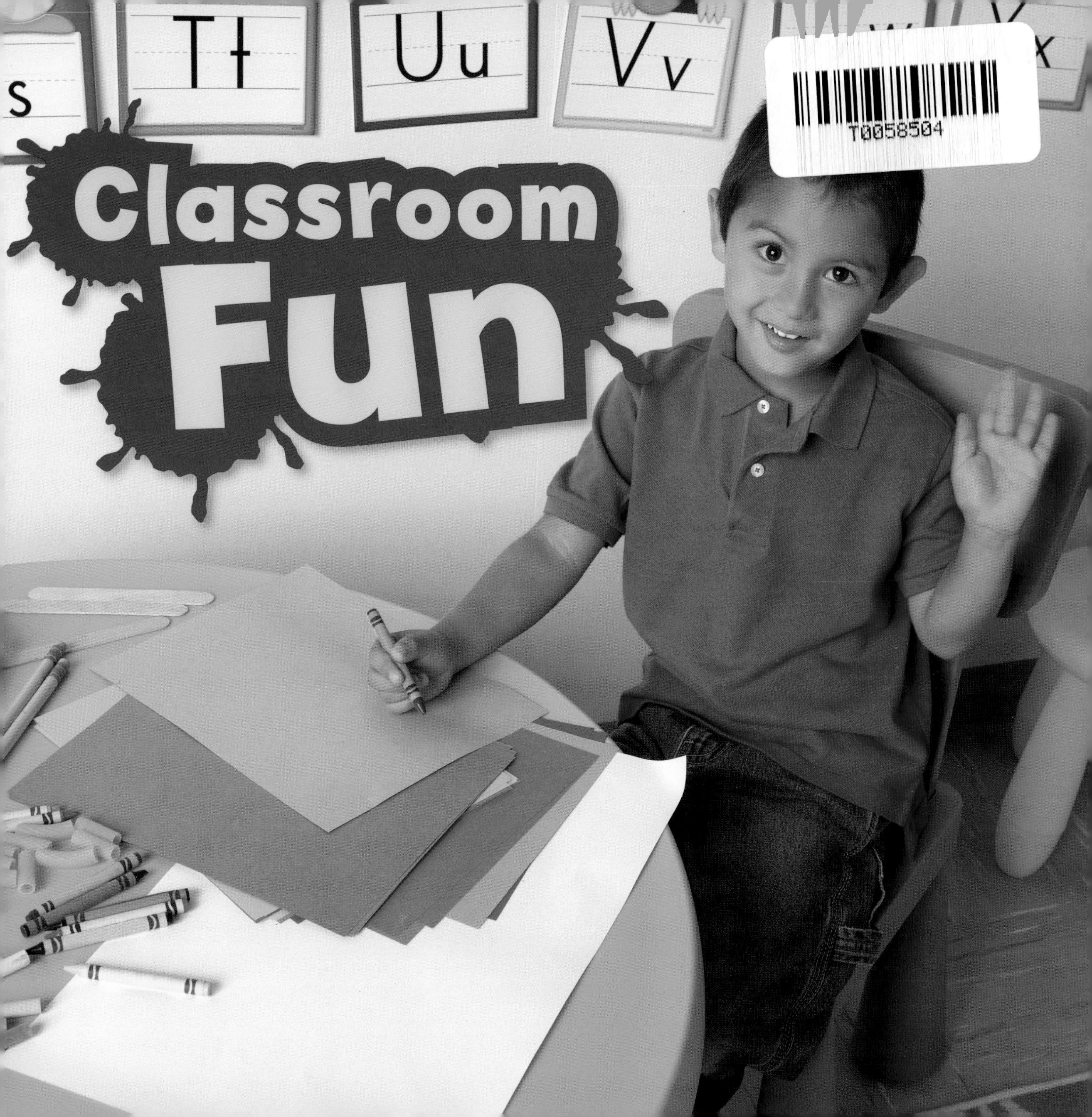

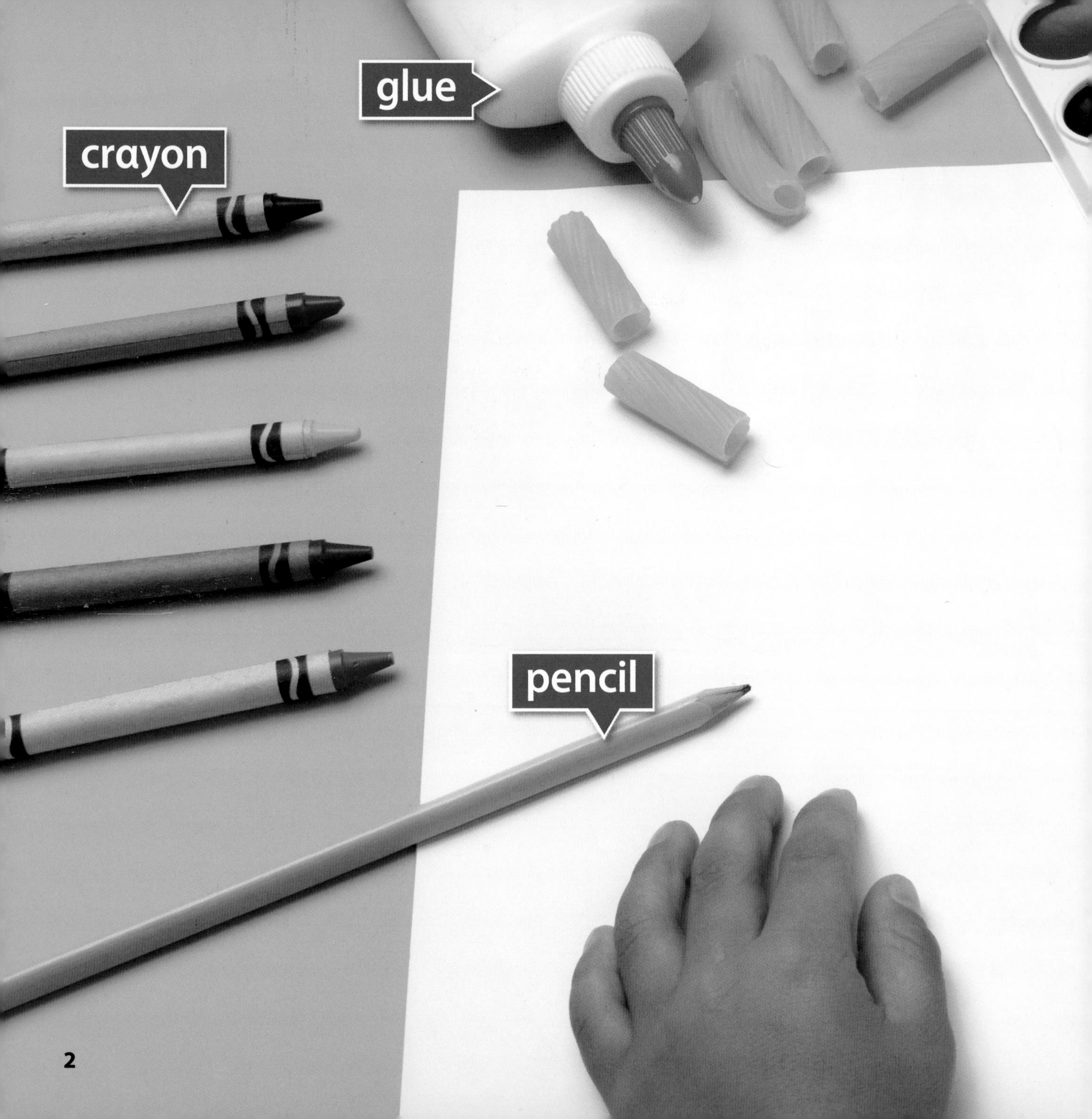
glue
crayon
pencil

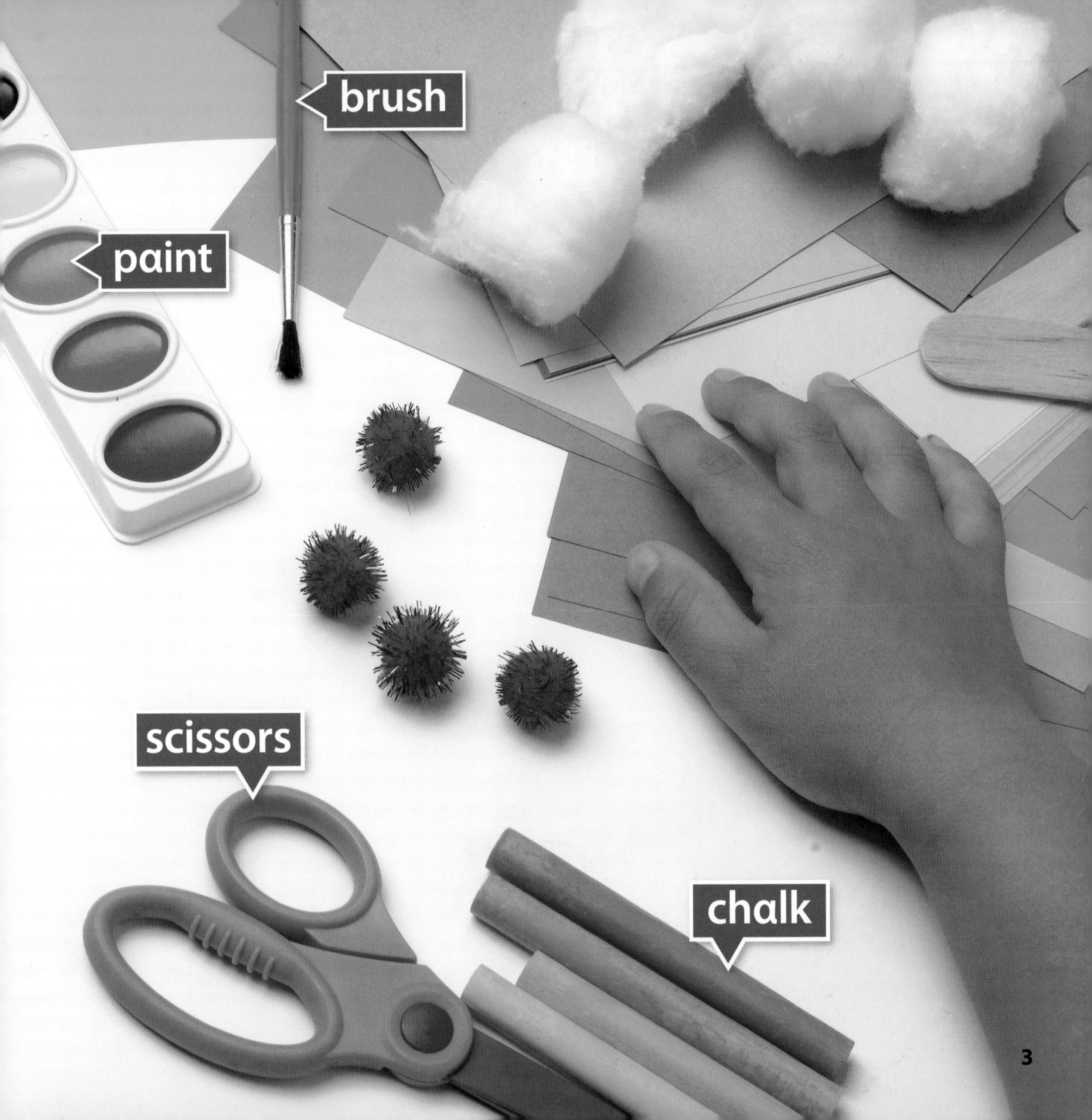
brush
paint
scissors
chalk

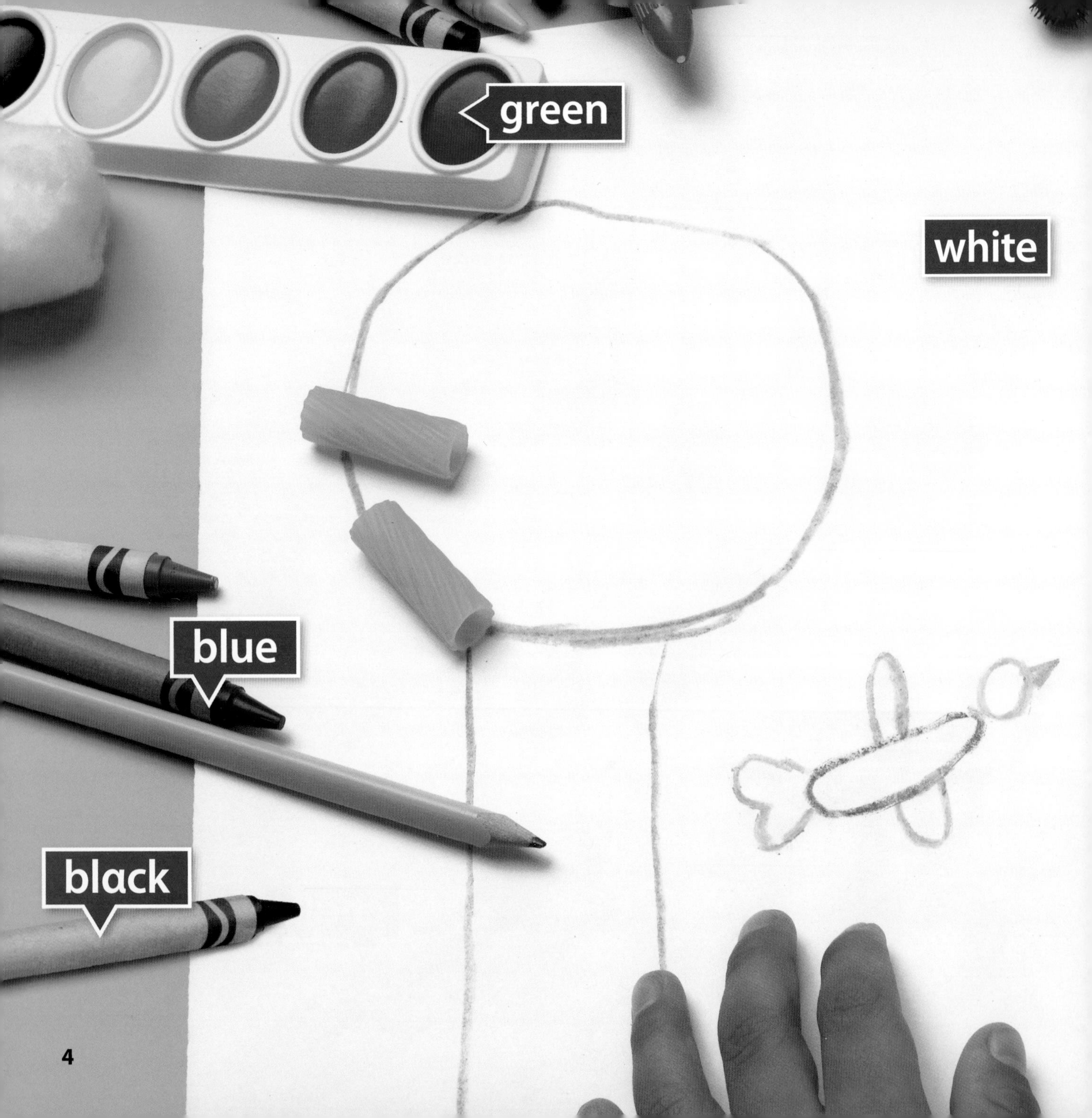
green
white
blue
black

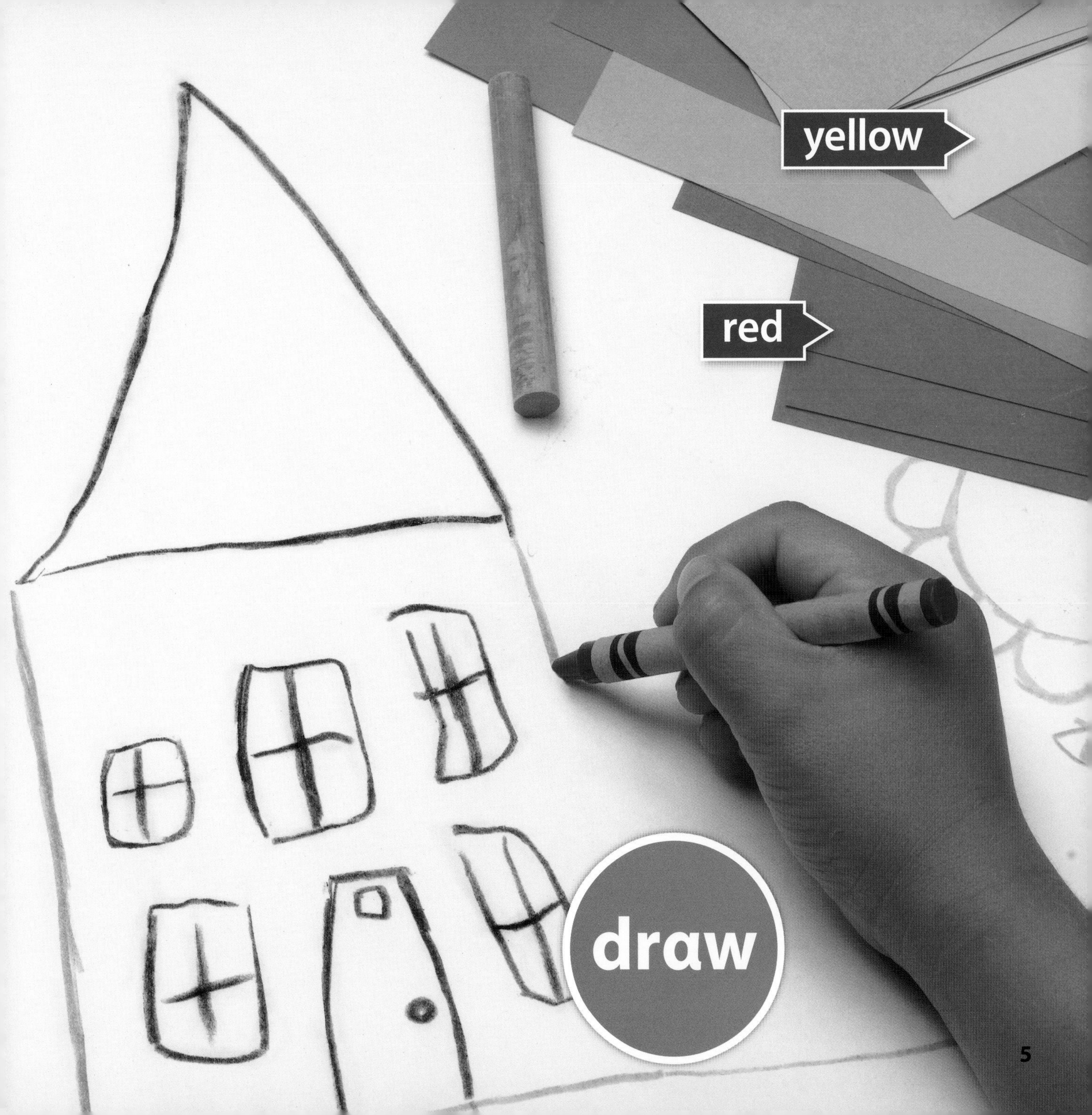
yellow
red
draw

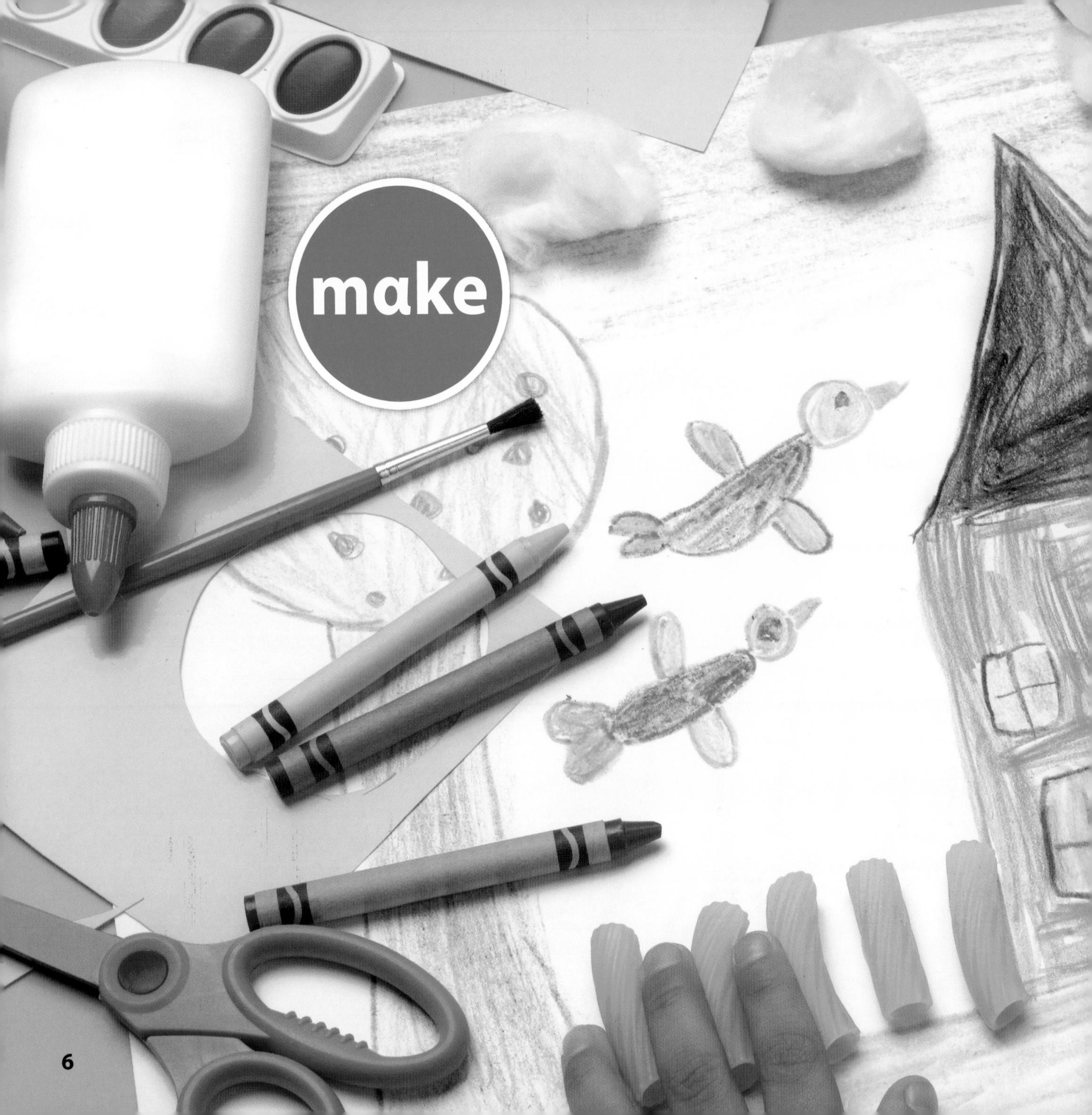

make

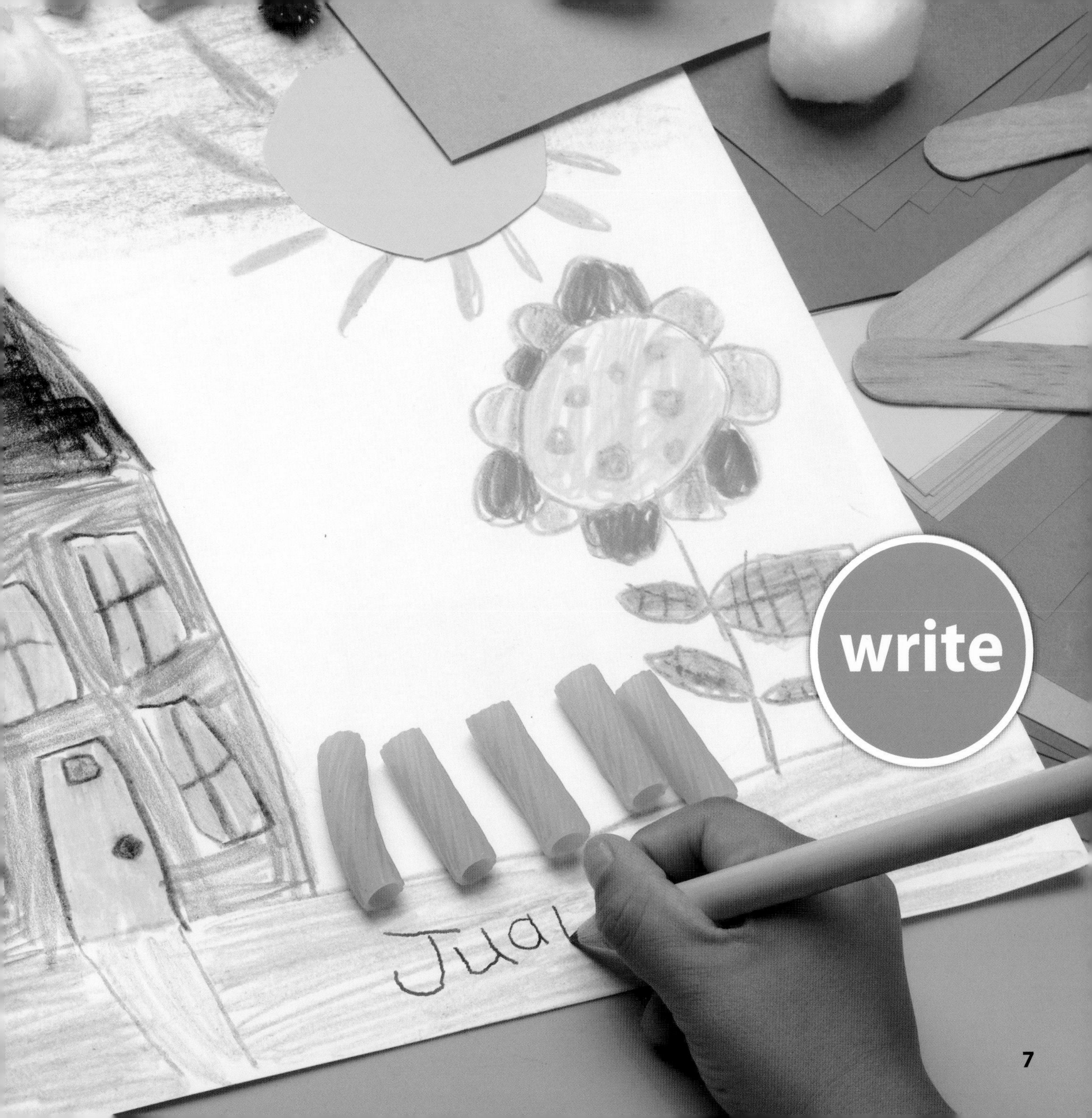

write

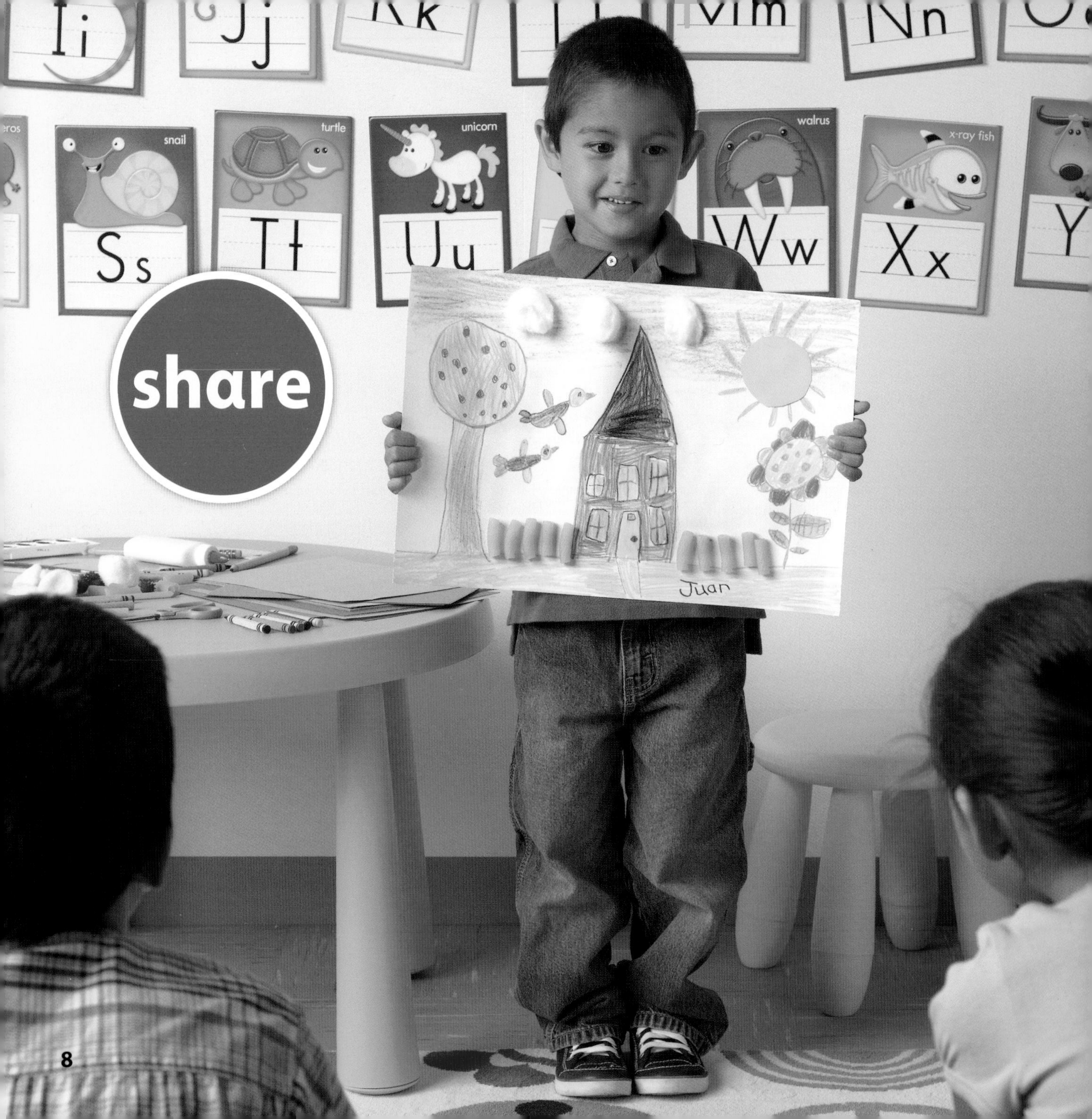
Ii
Jj
Kk
Nn
snail
turtle
unicorn
walrus
x-ray fish
Ss
Tt
Uu
Ww
Xx
Juan

share